숲속 동물들의 **겨울잠** 이야기

아늑한 마법

할머니 엘라 틴링과 외할머니 뮤리얼 테일러에게 감사드리며
손 테일러

할머니 릴리언 놀런과 함께 자연을 모험했던 것을 추억하면서
알렉스 모스

할머니에게 이 책을 바칩니다. 몹시 보고 싶어요.
신이 치우

숲속 동물들의 겨울잠 이야기
아늑한 마법

초판 1쇄 발행 2019년 10월 31일
초판 3쇄 발행 2022년 10월 27일

글 손 테일러, 알렉스 모스 | 그림 신이 치우 | 옮김 이충호

편집장 천미진 | 편집 최지우, 이현정, 김현희 | 디자인 한지혜 | 마케팅 한소정 | 경영지원 한지영

펴낸이 한혁수 | 펴낸곳 도서출판 다림 | 등록 1997.8.1. 제1-2209 호
주소 07228 서울시 영등포구 영신로 220 KnK 디지털타워 1102호
전화 02-538-2913 | 팩스 070-4275-1693 | 전자 우편 darimbooks@hanmail.net
블로그 blog.naver.com/darimbooks | 다림 카페 cafe.naver.com/darimbooks

ISBN 978-89-6177-208-2 (74400)

이 책 내용의 일부 또는 전부를 사용하려면 반드시 저작권자와 도서출판 다림의 서면 동의를 받아야 합니다.
책값은 뒤표지에 있습니다.

이 도서의 국립중앙도서관 출판예정도서목록(CIP)은 서지정보유통지원시스템 홈페이지(http://seoji.nl.go.kr)와
국가자료종합목록 구축시스템(http://kolis-net.nl.go.kr)에서 이용하실 수 있습니다. (CIP제어번호 : CIP2019039262)

숲속 동물들의 **겨울잠** 이야기

아늑한 마법

숀 테일러·알렉스 모스 글 신이 치우 그림 이충호 옮김

다림

여름이 왔을 때, 나는 실비 할머니 집에 놀러 갔어요.
할머니는 아는 것이 참 많아요.
꽃 이름뿐만 아니라, 사슴 발자국을 찾는 방법도 알아요.

또, 물장구를 치며 놀 수 있는 연못을 지나

푸른 고사리가 무성하게 자란 비탈을 오르고

비밀스러운 숲속의 빈터로 찾아가는 길도 알아요.

이미 늦은 저녁 시간인데도
나비들이 하늘거리며 공중을 날아다녔어요.
할머니는 다양한 새들의 노랫소리를 듣는 법도 가르쳐 주셨지요.

날씨는 아직 따뜻했어요.
우리는 여름밤의 마법 속으로 빠져들 때까지
숲속 빈터에 앉아 있었지요.
한참 동안 조용히 앉아 있자, 어디선가 겨울잠쥐가 나타나더니
개암나무 위로 쪼르르 기어올라 갔어요.

겨울에 나는 다시 할머니 집에 갔어요.

"할머니, 숲속 빈터에 다시 가 보고 싶어요."
"그러자꾸나. 네가 그곳을 찾아갈 수만 있다면 말이야."

숲속은 완전히 딴판으로 변해 있었어요.
연못은 꽁꽁 얼어붙었고,
비탈에 무성하게 자라던 고사리는 모두 죽은 것처럼 보였어요.
떡갈나무는 잎이 다 떨어져 뼈만 남은 듯 앙상하게 변했어요.

숲속의 빈터는 고요하고 텅 비어 있었어요.
이전의 모습이라고는 전혀 찾아볼 수 없었지요.
나비도 꽃도 새도 보이지 않았어요.

나는 겨울잠쥐가 보고 싶었지만, 어디에서도 보이지 않았어요.
할머니는 "겨울잠쥐는 겨울잠을 자고 있을 거야."라고 하셨어요.

너무 추워서 숲속에 오래 머물러 있을 수가 없었어요.
나는 "겨울에는 살아 있는 게 아무것도 없네요!"라고 말했어요.

"겨울잠쥐는 우리 눈에는 보이지 않지만, 어딘가에
숨어 있을 거야. 겨울 내내 안전한 곳에서 깊은 잠을 자지.
지금은 겨울잠쥐가 겨울잠을 자는 계절이야.

가을에 겨울잠쥐는 도토리나 호두, 과일과 곤충 등을
배불리 먹어 살을 찌우지. 마침내 춥고 긴 밤이 찾아오면,
겨울잠쥐는 몸이 무거워지고 자꾸 졸음이 온단다.
더는 먹을 것을 구하기도 힘들어지고 말이야."

"그래서 나무에 동그란 공 모양 둥지를 만들지.
남들 눈에 띄지 않는 둥지 안에서 겨우내 잠을 잔단다.
봄날의 햇살이 몸을 따뜻하게 할 때까지 말이야."

돌아오는 길에 나는 할머니에게 물어보았어요.
"다른 동물들도 나무에 숨어 있나요?"

"그럼. 박쥐 중에는 나무 안에서 겨울잠을 자는 종이 많단다.
따뜻한 계절에 박쥐는 밤이 되면 숲 여기저기를 날아다니면서
곤충과 거미를 잡아먹지.

하지만 겨울이 되면, 먹잇감들도 자취를 감추지.
그래서 박쥐는 속이 빈 나무나 동굴을 찾아 그곳에서 잠을 자면서
추운 계절을 보낸단다."

"할머니, 곤충들은 모두 어디로 간 거예요?"

"어떤 곤충들은 네 발밑에서 자고 있어.
땅은 꽁꽁 얼어붙었지만,
그 밑에는 사슴벌레가 봄날이 오기를 기다리며 숨어 있지.
여왕 호박벌은 작은 굴에서 잠을 자고,

나방과 나비 중 일부는 땅속에 숨어서
봄이 오길 기다리지. 번데기 속에 들어가
겨울을 나는 나방과 나비도 있어.

어미 집게벌레는 봄이 되어
알에서 새끼가 깨어날 때까지 알들을 돌보며 지낸단다."

걷다 보니 연못에 이르렀어요. 그래서 나는 할머니에게 물어보았어요.
"물속에 사는 동물들은 겨울 동안 어떻게 지내나요?"

"연못은 얼음으로 덮여 있지만,
그 밑에는 온갖 동물들이 봄이 오길 기다리며 살아가고 있어.

연못이 얼기 전에 개구리는 깊이 잠수해 연못 바닥의 진흙 속으로
들어간단다. 지금은 꼼짝도 하지 않고 숨도 아주 느리게 쉬어.
마치 죽은 것처럼 보이지! 하지만 봄이 와서 물이 따뜻해지면,
여기저기서 개굴개굴 소리가 들릴 거야."

"많은 동물들이 겨울잠을 자면서
겨울을 보내네요!"라고 내가 말했어요.

"그렇단다."
할머니가 대답하셨어요.

"심지어 어떤 동물들은 겨울을 나려고 특별한 보금자리를
만든단다. 곰은 깊은 숲속에 겨울잠을 잘 곳을 마련하지.
동굴 속이나 속이 빈 나무, 땅이 움푹 꺼진 곳 등에 말이야.
어미 곰은 이끼와 잔가지와 잎으로 잠자리를 만들고,
새끼들과 함께 몸을 웅크린 채 잠을 자거나 쉬면서
겨울을 보낸단다."

내가 침대에 누웠을 때에도 할머니는
동물들이 겨울을 어떻게 나는지 계속 이야기하셨어요.

"이제 알겠지? 아주 많은 동물들이 추운 겨울 동안 몸을 웅크리고
잠을 자거나 쉬면서 지낸단다."

나는 고개를 끄덕였어요. 캄캄한 밤이 온 세상에 뿌린
아늑한 마법에 나도 빠져들기 시작했어요.

아직 밤이 깊진 않았지만,
나도 겨울잠을 자기 위해 눈을 감았어요.

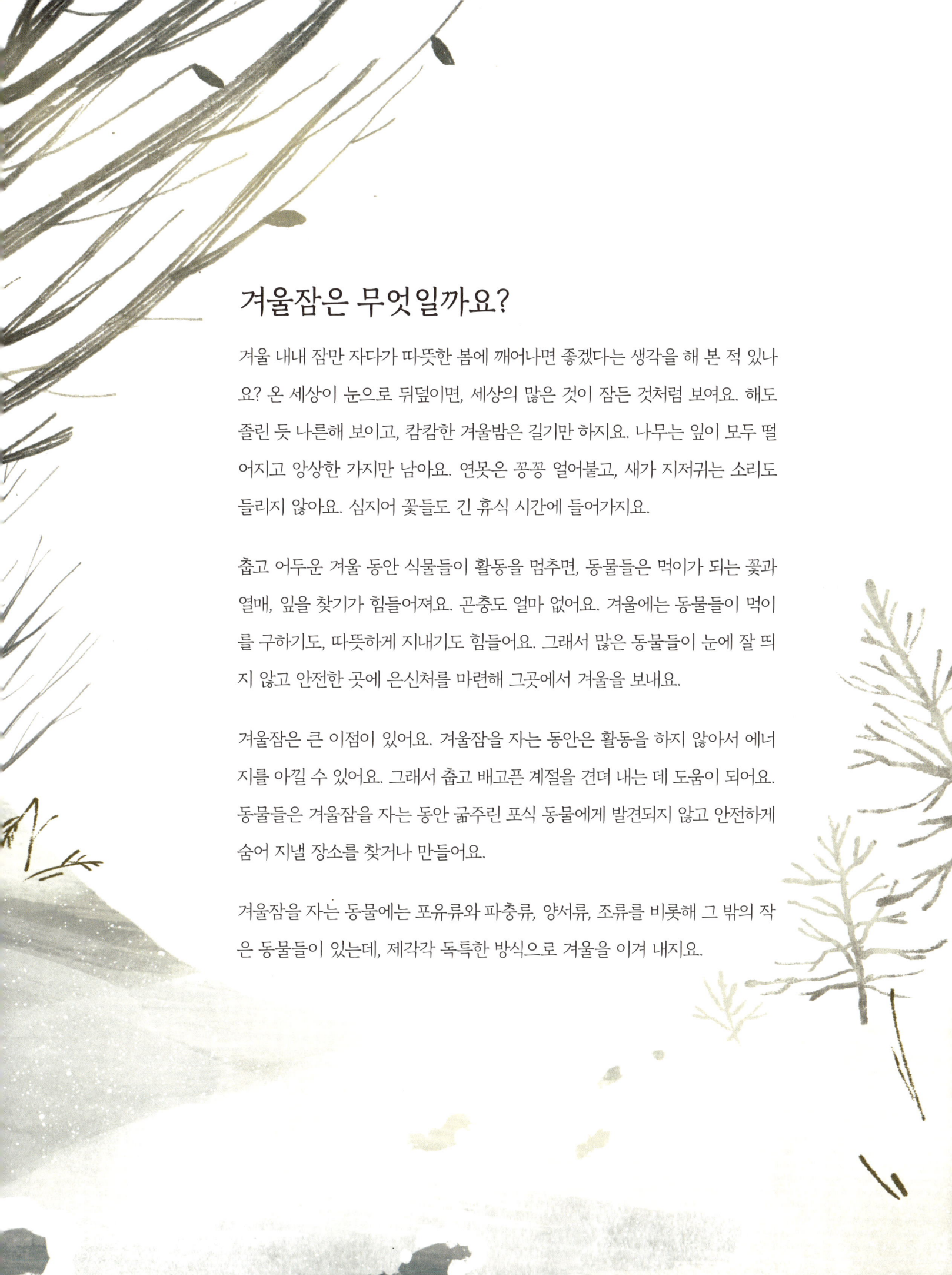

겨울잠은 무엇일까요?

겨울 내내 잠만 자다가 따뜻한 봄에 깨어나면 좋겠다는 생각을 해 본 적 있나요? 온 세상이 눈으로 뒤덮이면, 세상의 많은 것이 잠든 것처럼 보여요. 해도 졸린 듯 나른해 보이고, 캄캄한 겨울밤은 길기만 하지요. 나무는 잎이 모두 떨어지고 앙상한 가지만 남아요. 연못은 꽁꽁 얼어붙고, 새가 지저귀는 소리도 들리지 않아요. 심지어 꽃들도 긴 휴식 시간에 들어가지요.

춥고 어두운 겨울 동안 식물들이 활동을 멈추면, 동물들은 먹이가 되는 꽃과 열매, 잎을 찾기가 힘들어져요. 곤충도 얼마 없어요. 겨울에는 동물들이 먹이를 구하기도, 따뜻하게 지내기도 힘들어요. 그래서 많은 동물들이 눈에 잘 띄지 않고 안전한 곳에 은신처를 마련해 그곳에서 겨울을 보내요.

겨울잠은 큰 이점이 있어요. 겨울잠을 자는 동안은 활동을 하지 않아서 에너지를 아낄 수 있어요. 그래서 춥고 배고픈 계절을 견뎌 내는 데 도움이 되어요. 동물들은 겨울잠을 자는 동안 굶주린 포식 동물에게 발견되지 않고 안전하게 숨어 지낼 장소를 찾거나 만들어요.

겨울잠을 자는 동물에는 포유류와 파충류, 양서류, 조류를 비롯해 그 밖의 작은 동물들이 있는데, 제각각 독특한 방식으로 겨울을 이겨 내지요.

포유류

포유류는 겨울에 몸을 따뜻하게 유지하고 활동하기 위해서 많은 먹이가 필요해요. 그런데 아주 추울 때에는 일부 포유류는 활동을 멈추고 겨울잠을 자요. 이 동물들은 가을에 먹이를 많이 먹어 살을 찌워요. 몸에 쌓인 지방은 추위를 견디는 데 도움이 되고, 먹이가 없을 때 에너지를 만드는 데 쓸 수 있거든요. 그러다가 체온이 내려가면 점점 졸음을 느끼고 곧 깊은 잠에 빠져요.

북극땅다람쥐
겨울잠을 자는 포유류 중에서 체온이 가장 낮게 떨어져요.
그래서 뇌는 거의 얼기 직전에 이르고,
심장은 1분에 1~5회 정도만 뛰어요.

마멋
겨울잠을 자는 동안 숨 쉬는 활동이 크게 줄어드는데,
약 5분에 한 번만 숨을 쉬기도 해요.

북극곰
새끼를 밴 북극곰은 눈 속에 굴을
만들어요. 그러고는 그 속으로 들어가
몇 달 동안 거의 아무것도 먹지 않고 지내요.
태어난 새끼는 어미의 따뜻한 털에 감싸여
잠을 자지요.

박쥐
겨울 동안 동굴이나 나무 구멍 등의
은신처에서 거꾸로 매달린 채 잠을 자요.
잠자기 전에 먹이를 많이 먹어 등과 배에 지방을 잔뜩 쌓아 두지요.
지방은 겨울잠을 자는 동안 에너지를 만드는 데 쓰여요.

사슴쥐
겨울잠을 자진 않지만, 추울 때에는 몸을 둥글게 말아
몸을 따뜻하게 해요. 또, 추운 겨울 동안 살아남기 위해
평소와 다른 종류의 혈액을 만들어요.
이 혈액은 겨울 동안 더 많은 에너지를 공급하지요.
사슴쥐는 버려진 새 둥지를 보금자리로 사용해요.

고슴도치
겨울이 되면 잎으로 둥지를 만들어요.
헛간 밑이나 버려진 토끼 굴 또는 퇴비 더미에 둥지를 짓기도 해요.
겨울잠을 잘 때에는 공처럼 둥글게 몸을 말아요.
겨울잠을 자는 동안 체온은 섭씨 35도에서 5도로 떨어져요.

유럽햄스터
야생 유럽햄스터는 1년 중 거의 반년을 땅속 깊은 곳에서
숨어 살아요. 미로 같은 땅굴 속에서 지내면, 포식 동물에게
잡아먹힐 염려도 없고, 겨울철의 매서운 추위도 피할 수 있어요.

파충류, 양서류, 어류, 조류

파충류와 양서류와 어류는 변온 동물*이어서 체온을 조절하는 능력이 없어요.
그래서 날씨가 아주 추워지면 활동이 느려지는데, 대부분은 안전한 곳에서 숨어 지내요.
겨울잠을 자는 조류는 거의 없지만, 일부 새들은
잠깐 동안 휴면 상태에 들어가요.

*변온 동물 바깥 온도에 따라 체온이 변하는 동물

테라핀
유럽의 야생 테라핀(민물에 사는 작은 거북)은 연못이나 호수 또는 물살이 느린 강의 진흙 바닥 밑에서 겨울잠을 자요. 또, 여름에도 날씨가 너무 더우면 바닥 밑으로 들어가 오랫동안 휴식을 취해요.

육지거북
어떤 육지거북은 부드러운 흙 속으로 들어가 겨울 내내 잠을 자요.
약 석 달 동안 흙 속에서 지내면서 추위를 피하지요.

아메리카독도마뱀
땅속 은신처에서 겨울잠을 자면서 겨울을 보내요.
보통 7월이나 8월에 알을 낳는데, 새끼는 다음 해 봄이 되어야
알에서 깨어 나와요. 그래서 알과 함께 겨울을 나지요.

표범도마뱀붙이
날씨가 화창하면 표범도마뱀붙이는 양지바른 곳에 자리를 잡고 햇볕을 듬뿍 쬐어요. 그러다가 밤이 되면 햇빛에서 얻은 에너지를 사용해 이리저리 돌아다니며 먹이를 구하지요. 하지만 표범도마뱀붙이가 사는 사막도 기온이 크게 내려갈 수 있어요. 기온이 섭씨 10도 밑으로 내려가면 표범도마뱀붙이는 땅속으로 들어가 겨울잠을 자요.

풀뱀
땅속 또는 잎이나 퇴비가 많이 쌓인 곳에 은신처를 마련해요. 그리고 봄이 올 때까지 은신처에서 겨울잠을 자요.

송장개구리
겨울이 되면 송장개구리는 잎이 많이 쌓인 곳이나 통나무 아래로 들어가요. 겨울잠을 자는 동안 송장개구리는 심장이 멈추고 호흡도 멈추어 거의 죽은 것처럼 보여요.

모래장지뱀
모래 언덕과 암석이 널린 땅이나 모래로 뒤덮인 황야를 좋아해요. 겨울이 되면 땅굴 속으로 들어가 겨울잠을 자지요. 가끔 다른 모래장지뱀들과 함께 지내기도 해요.

푸어윌쏙독새
새 중에서는 특이하게도 겨울잠을 자요. 바위나 통나무 밑에서 약 100일 동안 겨울잠을 자지요.

농어
농어를 비롯해 일부 물고기들은 겨울이 되면 활동량이 크게 줄어들어요. 동작이 느려지고, 먹이도 덜 먹어요.

작은 동물들

곤충과 거미, 민달팽이를 비롯해 작은 동물들 중에는 1년을 채 살지 못하는 동물이 많아요.
하지만 이 작은 동물들도 다양한 방법을 사용해 추운 겨울 동안 살아남는 법을 찾아요. 겨울잠을 자거나,
알 상태로, 혹은 고치 속에서 애벌레 상태로 겨울을 나거나, 아니면 그냥 푹 쉬면서 겨울을 보내요.
곤충 같은 작은 동물은 꼭 겨울이 아니어도 활동을 멈추는 시기가 있어요. 또, 잠을 잔다기보다 그냥
활동 정지 상태에 빠지기 때문에, 이 동물들에게는 겨울잠 대신에 '휴면기'라는 용어를 많이 사용해요.
휴면기는 아주 덥거나 건조한 날씨 같은 다른 이유 때문에 찾아오기도 해요.

담배박각시나방
햇빛은 담배박각시나방 애벌레에게 시계와 같아요.
낮 시간이 짧아지면, 땅속으로 기어 들어가 푹 쉬지요.
다 자라면 담배박각시나방이 되어요.

북극털곰나방
북극털곰나방 애벌레는 아주 추운 북극에 살아요.
1년 중 잠에서 깨어나 보내는 시간은 한 달밖에 안 돼요.
살아 있는 15년 동안 대부분의 시간을 잠을 자면서 보내지요.

에베레스트깡충거미
아마도 세상에서 가장 높은 곳에 집을 짓고 살아가는 동물은
에베레스트깡충거미일 거예요. 에베레스트산에서 해발 고도가
6700미터나 되는 곳에서 살거든요. 몸속에 잘 얼지 않는
특별한 액체가 들어 있어 심한 추위에도 살아남을 수 있어요.

메뚜기
메뚜기는 땅굴 속에 작은 알을
100개쯤 낳아요. 그리고 끈적끈적한
거품으로 그 위를 덮어요. 거품은
말라붙으면 땅굴 입구를 덮는
덮개가 되어 겨울 동안 알들을
보호하지요.

배저녁나방

배저녁나방 애벌레는 고치 속에서 겨울을 나요. 고치는 잎이나 풀 또는 잔가지처럼 생겼어요.

혹벌

떡갈나무나 졸참나무 가지에 기묘한 모양의 벌레혹이 붙어 있는 걸 종종 볼 수 있어요. 벌레혹 속에는 혹벌 애벌레가 들어 있어요. 혹벌이 나무에 알을 낳으면, 그곳이 혹 모양으로 부풀어 올라 알에서 부화한 애벌레가 살아가는 보금자리가 되어요. 애벌레는 벌레혹 속에서 겨울 동안 먹이를 먹으면서 안전하게 지낼 수 있어요.

홍개미

홍개미는 숲 바닥에 거대한 도시를 만들어요. 땅속 여기저기에 많은 방들이 숨어 있지요. 겨울이 되면, 홍개미들은 느릿느릿 움직이면서 활동이 둔해지는데, 매서운 바람이 들어오지 않도록 모든 입구를 막아 버려요.

무당벌레

무당벌레는 나무껍질 뒤나 잎 밑 또는 건물 안에 은신처를 마련해 겨울잠을 자요. 무리를 지어 함께 지낼 때가 많아요.

날도래

날도래 애벌레는 몸에서 뿜어낸 실로 주변의 잔가지와 모래, 나뭇잎을 붙여 원통 모양의 집을 지어요. 연못이나 개울 바닥에 만든 이 집에 들어가 겨울 동안 숨어 지내요.

지렁이

일부 지렁이는 겨울 동안 땅속 깊이 굴을 파고 들어가 타원체 모양의 방에서 몸을 웅크리고 지내요.

여러분이 동물을 도울 수 있는 방법

- 추운 겨울에 새를 돕고 싶으면, 정원에 물과 모이를 놓아두어요.

- 포유류가 겨울에 안전하게 지낼 수 있는 장소를 만들어 주어요.
  박쥐 집을 놓아두거나 통나무 더미, 혹은 퇴비 더미를 만들거나 덤불이 자라는 장소를 만들어요.

- 퇴비 더미나 나뭇잎 더미, 통나무, 돌 등으로 파충류가 안전하게 쉴 수 있는 장소를 만들어요.

- 꽃을 많이 심어요. 봄이 되어 작은 동물들이 깨어났을 때 좋은 먹이가 될 거예요.

- 연못에 떨어진 낙엽을 걷어 내요. 그래야 겨울 동안 물이 썩지 않아 연못에 사는 생물들이 건강하게 살 수 있어요.

더 많은 정보를 알고 싶으면 다음 사이트를 방문하세요.

국립생물자원관 한반도의 생물 다양성 : species.nibr.go.kr

국립생태원 : www.nie.re.kr

한국야생생물관리협회 : www.kowaps.or.kr

한국야생조류보호협회 : www.kwildbird.com

한국조류보호협회 : bird.or.kr

• **글 숀 테일러**

영국에서 태어난 아동 문학 작가입니다. 〈보라반 악동들〉 시리즈, 《악어가 최고야!》는 '로알드 달 올해의 재미있는 책' 최종 후보에 오르며 영국 언론의 주목을 받았습니다. 2007년 5세 이하 어린이를 위한 책에 수여하는 네슬레상에서 금상을 받기도 했습니다. 그 밖의 저서로는 《이건 완전 종이 낭비야!》《하하하, 장난이야!》《지구를 떠나라!》 등이 있습니다.

• **글 알렉스 모스**

프리랜서 생태학자이자, 작가, 편집자, 교육자이며, 에이번야생생물재단의 야생 생물 챔피언 중 한 명입니다. 출판 분야에서 20년, 생태학 분야에서 15년 동안 일했으며, 생명의 나무를 탐구하는 박물학자로 많은 시간을 보냈습니다.

• **그림 신이 치우**

타이완에서 태어나 지금은 전 세계를 여행 중입니다. 메릴랜드예술대학에서 일러스트레이션 미술 학사 학위를 받았습니다. 늘 새로운 일을 시도하는 데에서 행복을 느낍니다. 모든 것을 더 아름답고 재미있고 흥미진진하게 만들려고 노력하고 있습니다.

• **옮김 이충호**

서울대학교 사범대학 화학과를 졸업하고, 교양 과학과 인문학 분야의 번역가로 활동하고 있습니다. 2001년 《신은 왜 우리 곁을 떠나지 않는가》로 제20회 한국과학기술도서 번역상을 수상했습니다. 옮긴 책으로는 《나의 탄소 발자국은 몇 kg일까》《역사를 만든 발명의 힘》《진화심리학》《사라진 스푼》《뇌과학자들》《잠의 사생활》《우주의 비밀》《스티븐 호킹》 등이 있습니다.

Winter Sleep: A Hibernation Story
© 2019 Quarto Publishing plc
Text © 2019 Sean Taylor and Alex Morss
Illustrations © 2019 Cinyee Chiu
All rights reserved.

Korean translation copyright © 2019 by Darim Publishing co.
This Korean edition published by arrangement with The Quarto Group through YuRiJang Literary Agency.

이 책의 한국어판 저작권은 유리장 에이전시를 통해 저작권자와 독점 계약한 도서출판 다림에 있습니다.
저작권법에 의하여 한국 내에서 보호를 받는 저작물이므로 무단전재 및 복제를 금합니다.